JN439220

마지막 한 줄의 시

이 도서의 국립중앙도서관 출판예정도서목록(CIP)은 서지정보유통지원시스템 홈페이지(http://seoji.nl.go.kr)와 국가자료종합목록 구축시스템(http://kolis-net.nl.go.kr)에서 이용하실 수 있습니다.
(CIP제어번호 : CIP2020041625)

지혜사랑 224

마지막 한 줄의 시

星田 김명환

지혜

시인의 말

사랑은 잔잔한 호수에 조약돌 하나 퐁당 떨어져 수면에 이루는 파고처럼 거리에 반비례한다

나와 아내와 자녀와 손자녀와 형제와 친구와 새와 반려견과 짐승과 물고기들과의 거리,

나와 꽃과 나무, 부엉이 가슴 문양석, 춤추는 부부 문양석, 산과 들과 하늘과 구름과 강과 바다와의 거리,

스치며 이름 부르며 이름 붙이며 디다보며 쳐다보며 만지며 쓰다듬으며 지내는 더불음의 거리,

사랑의 거리.

그 거리 거리에 부딪쳐 나는 노래를 불렀다 득음을 못하여 모두 들려 주지 못하지만 더 이상은 기다리지 못하고 새어 나오는 소리를 주워 담아 한 권으로 엮어보았다

이 책을 내기까지 격려해 준 아내와 기준 정아 선아 고맙다 사랑하는 손자녀 민경 민호 종현이 채현이에게 자랑이면 좋겠다

나와 인연을 맺은 독자 분들, 日日 年年 感謝, 감사의 일일 연년 되소서

2020년

시인 星田 김명환

차례

2부 우리끼리

3부 삼처장엄

4부 소쩍새 우는 밤의 추억

• 일러두기

한 연이 첫 번째 행에서 시작될 때는 > 로 표시합니다.

1부

어머니

어머니

죽어서 새가 되어
늘 푸른 창공을 시원히
날고 싶다 하신 어머니

갑천甲川 새벽 날아 가는 새를 보며
어머니를 생각합니다

부실하고 병약한
자식을 위하여
일만고초 다 겪으신 어머니

만장 휘날리는 어머니 장례 행렬
엊그제 같은데 어언 사십 년

새는 저 멀리 날아가고
하늘을 향해
어머니를 불러 봅니다
어 머 니 !

여보 사랑해요

몸이 노후 차량
종합병원이다
약으로 고치다 보면 다른 부속을 망가지게도 한다는데
목에서 기관지까지 뻗은 독감은 나갈 줄을 모른다.
그래도 독한 약 덕분인지 이래저래 증세가 좀 나아졌는데
기운이 없다

아내는 보다 못해 보약 한 제를 지어 왔다
50년을 곁에서 밥상을 차려주는 아내에게
나의 엄지와 검지는 하트 표시를 모른다.

며느리가 넷인데 마음 편해 하시는 셋째 며느리 되어
남이야 무어라 하건 치매의 시모를 임종까지 모시고
남편에게서 사랑의 'ㅅ'자 듣건 말건
아낙의 도리꿋꿋 했던 아내인데

"여보 사랑해요"
그 한 마디 그렇게 어려운가
그 한 마디가 떨어뜨리는가 무슨 코빼기

노부부

삼봉에서 기지포까지
어린魚鱗처럼 석양에 펄떡이며 번쩍이는
개구리 맹꽁이의 합창소리 같은 파도
쭉쭉 뻗은 송림사이
【사색의 길】을
아내와 둘이 걷는다

1미터,
손 뻗으면 닿을 수 있는 거리
암묵된 방향
먼저 손을 잡는 법이 없다

오늘도 감사뿐
정갈한 노부부

아내 마중

도착시간 밤 10시
10분 전
친정 "엄마" 문안 간 아내를 마중 나와
고속버스 터미널 옆
아이스크림 가게에서
깔때기에 담아 주는 아이스크림 사 들고 서서
50년전 만났던
처음 그대로의 아내를 기다린다.

당신과 나 살고 있다

당신과 나
살고 있다는 것

멀리면 어떠랴
당신과 나 살고 있다는 것

만날 날의 꿈이 있어
좋구나!

GO STOP 4남매

형님은 1,000원 신권 스무장씩
멤버에게 종자돈 주신다,
"잃지들 마, 고마워하지 마, 쓰리고 몇 번이면 다 회수된다."
공식적 개장의 말씀

패기있게 때리고 '고오' 소리 드높은 형님
'다 잃었다', '본지도 나갔다'는 누님
장고하는 아우님
언제나 본지인 나

결산은
누님의 나간 몫 채워드리며 끝난다

성공률 별로면서
'쓰리고는 아무나 하니!'
귀에 남는 형님 말씀
차기 대회까지 안녕하시옵소서

* 형님 91세(서울), 누님 87(대전), 나 84(서산), 아우님 80(천안), 딱 좋은 고스톱 멤버.

어깨

책가방 메던 어깨
질통 메고
바랑 메고
탐, 진, 치를 메고
메고 메고
달랑 핸드백 메고

책가방 메던 어깨
모두 내려 놓고
칠성판 메고

명이나물*

겨울 지나 꽃망울들 터지기 시작하면
밭뚝마다 쑥
논밭에는 달래, 냉이, 씀바귀

십리 길 초등학교
누나 손 잡고 오가던 시절
아무리 애를 써도
내 나물 보따리 누나 보따리의
반에서 반도 못 되고

하교길 산모퉁이 진달래꽃 따먹기
내 입술이 더 진하게
붉었다

언젠가는 기어히
누나의 손 잡고
백두산 명이나물 캐러 갈 수 있기를
줄곧 기원해 왔지만 누나도 나도
이제는 한참 너무 늙었다

* 백두산 등 고산지대 특산 산채.

바람 빠진 고무공

설날 아들 딸 손녀 손자 왔다 가고
할매 할배 둘만 남은 설날 오후는
바람 빠진 고무공
지그시 감기는 눈에 아롱대는 그림자

황혼 이사

계룡산 언저리
한 칠십 년 붙여 놓았던 초상을 떼어 들고
이사를 한다
물줄기의 종착역 내포 서해 바닷가로.

벽화도 장소를 옮겨 거는 것은
무료를 달래는 일상의 변화라 하지만
이사는 아주 헤어질 때의 서운함을 반쯤 가불하는 것이라고
중얼거리며

아늑한 서산
편안한 태안
달콤한 안면
아주 젊은 어느 날 늙어서 예 와서 살리라던
꽃지花地

백발에
꽃지의 부름인가

남편 따라 나선 아내의 어깨 위에
서산
노을이 곱다.

노신사님 단풍잎

흰 머리 노신사
빠 알 간 단풍잎 하나 들고 오시네

단풍잎이 참 아름답네요
웃으며 인사 올리니
노신사 허리 굽혀 하시는 말씀

감사합니다

노인의 오늘

오늘
노인은 이렇게 있습니다.
노인에게 오늘이 있습니다

어제처럼 해가 떴다 질 터이고
어제와 같은 일상일 터이고

다만 오늘
큰딸 생일축하
세례 받는 사위 축하
아이들 만나는 즐거움과
옆에 아내 모시고 자가운전하는 즐거움

오늘도
감사의 저녁기도를 올려야 될 것입니다.

새벽은 늘 노인에게 이른 오늘입니다

친구야!

— 귀한 벗 코스모스들을 간월도로 초청하며

친구야
부르다가 못다 부른 이름 있걸랑
9월이 가기 전
해변으로 오게나
비키니 젊음들이 확 빠져나가고
파도가 쓰다듬고 가는 조개껍질들과 빈 고동이
소리를 내는 9월의 해변에 서서
친구야 부르다 부르다 못 다 부른 이름을
손나팔을 대고 한껏 불러보세
어린 가슴 뛰었던 소녀의 이름도 좋고
가서 안 오는 친구의 이름도
이름 모를 조용필의 친구도 불러보세
불러본지 오래 된 엄마를
“엄마~”하고 소리쳐 불러보세
밀려가는 파도가 우르르 전해 줄꺼네
바다 너머 전해 줄꺼네
백발의 친구들아
9월이 가기 전 전어회에 소주 한 잔 하며
영 못다 부른 이름들
불러보세나!

눈 오는 날 아우를 보낸 친구야

동생 * 의 갑작스런 죽음 앞에서
보고싶어도
삼목회三木會에서도 그 장한 얼굴을 볼 수 없어서
너무도 아쉽고 슬픈데
무에 그리 바쁘다고 먼저 갔는지 알 수 없다는
눈 오는 날 아우를 보낸 친구의 e-메일

친구야
이 무슨 말인가

그 맑은 눈망울, 여린 얼굴의
곱디 고운 아우님의 그 따뜻한 미소가
어찌되었단 말인가

아우는 이 땅에서
하느님을 믿고
하느님 뜻 받들며
가난하고 어려운 이웃에게 사랑을
한껏 베풀고 하늘나라 가는 날
첫눈이 산야에 하얗게 내렸다는 친구의 e-메일

오나 가나 하느님 앉으나 서나 하느님인

아우님의 저 높은 하늘나라에는
가고 옴이 또 있겠나

가슴 아픈 친구야
저 먼 수평선
바닷가에나 한번 오게나
어깨 한번 안아주고 싶네

* 치과의사 아우 충서를 보낸 형 명서.

갑천 새벽 길에서

한밭 만년동 갑천의 새벽
철새들 편대 지어 서북으로 날고
동트는 하늘 은쟁반으로 남은 달 속에
이백의 노래 더 먼 옛날을 향해 떠나다

학하동 성전鶴下洞 星田에서 태어나
삼십 리 길 갑천으로 칠십여 년 떠내려와
이제사 삼십 리 길 다시 돌아 올라간들
친구들 하나 둘 먼 달을 향하여 떠나고
가던 길 물길에 맡긴 순종의 가랑잎
하류로 하류로
바다에 뜬 달을 향해

축시祝詩

— 梁漢宗 친구 자서전 출간에

친구의 자서전에
장미 한 송이 보내 드린다
깊은 우물속 같은 속과
굳은 의지와 빛나는 눈빛으로
하루 하루
걸어 온 길
가시밭길
꽃길
천사 같고 바보 같은 친구의 길
이 가을에
자서전 속 이야기 들려 주려나
친친구구親親舊舊 60년 세월
같이 걸어 온 코스모스 길
　저 구름 흘러 가는 곳
　남 몰래 흐르는 눈물
친구의 노래
자서전에 흐르고 있겠지

구름 한쪽

놀래키는 것은 마른 하늘 벽력만이 아니다
천년을 산다는 거북이 아우*의 부음訃音

지하 2층 조화 가득한 분향소
환한 미소의 영정에 재배드리며
어이 어이
아우가 형한테 절을 받는가
죽어서 먼저 가는 아우 영전에
살아서 뒤따라 가는 형
우리 서로 미안해 할 것 없다며 향불을 바쳤다

장례식장 밖 하늘은
시치미 떼고 어제처럼 푸르른데
어딘가로 떠가는 하얀 구름 한쪽
거북이 닮아서 서럽다

* 동기동창이며 동성동본 동항에 연하인 거북이, 학창시절 넓은 어깨와 큰 입으로 얻은 별명.

윤정웅 친구 영전에

— '추도시'

올곧음을 놓지 않고 당당한 풍채로
먹줄 튕긴 듯 올바른 양심의 당신은

남 몰래
도와주고
베풀어 주면서

고통은 혼자 지고
미소로 익히시며
한생 향기로 불 살랐소이다

좋은 자리 마련되어 있을께요
잘 가시오.
작별인사 재배로 드립니다.

시인이 된 신창상회 사장님 신호균 친구에게

먹고 살만 하면 석양에
서해로 오게나

모난 돌
계룡산 물줄기 따라 와
동글납작하다네

예 와서
짐 내려놓고
시 한 수 쓰게나

석양에 빛나는 바닷 돌
황금 빛 시가 노을로 탈꺼네

친구의 가을 사랑

뫼부리에 걸린 가을 달 아래
열다섯 시골 소년
열다섯 서울 소녀
둘이 살짝 만났을 뿐
어느 날
이름도 남김 없이 서울로 떠난 그녀
단발머리 세라복 소녀*

가슴 두근거리는 만남의 순간과
다시 만날 순간을 가슴 조이던
짧은 시간들
머리가 세도록 가슴에 담고
가을이 오면
버릇처럼 기다린다

가을 사랑 친구
나에게만 말해 준 국화 꽃 사랑

* 친구의 소녀.

2부

우리끼리

항아리

내 애인이 만든 전통 한지 항아리
금을 넣으면 금 항아리
술을 넣으면 술 항아리
시를 담으면 시 항아리
가득 담으면 한 항아리

시 항아리에서
시 한 수 뽑으려는데 재채기 나오려다 안 나오듯 간질거린다
모르면 몰라도 술 항아리에서
술 한 잔 걸치고 나면
재채기 터지듯
속 깊은 한 수 나올는지

나의 시는

꺼집어 내어 보이고 나니
붉어지는 청양고추

넣어두면 독백
펴내니 시를 닮았다는 데

그날로 나의 시는 타인의 것
시인은 껍데기가 되었네

나 홀로 시인

청탁 불고 주객酒客처럼
시를 쓴다

도적에게 타살되면서도
화두話頭를 잡고
조용히 눈 감은 어느 스님처럼
나 홀로 읽고
살며시 지우면서
그렇게 혼자서 시를 쓴다

오늘도 시를 쓰는 나는
나 홀로 시인

지우다가 못 지운 시
나의 시

하얀 시

한 처음 빛이 있었고
빛은 말씀이라고*

빛은 빨주노초파남보 하얗다
종이의 빛
하얀 내 머리 속

종이에 쓰는 시는
종이의 말을
받아
써 내려간다 하얀 시

* 성서에서.

시– 이–시

눈 뜨고 못 보는 산
감으면 볼 수 있다면 감을 수 밖에

눈 뜨고 못 보는 임을
눈 감으면 볼 수 있다면 감을 수 밖에

감으나 뜨나 안 보이는 눈으로는 못 본다 해도
더드미는 알 수 있다
딱 하면 땡감
철썩 하면 홍수

너섬 안 가도
세상사 정치는
서산장터가 더 잘 안다
시–이–시

마지막 한 줄 시

이 푸른 별에 태어나
머물다 가는
시인의
마지막
한 줄
시

감사합니다

한 여름 새벽

한 여름
하얀 새벽에
백남천의 시를 읽습니다

바이칼 호수 새벽을 나는
새처럼

시가
새가 되어 나의 호수 위를 날고 있습니다

푸르게 사는 날
유언으로 쓴다*

먼동이 트기 전
젊은 나이에 가신 백시인이 날고 있습니다

* 시인 백남천이 남긴 시집『새벽에 쓰는 시』

거울

— 심경心鏡 만들어

볼 수 없던 얼굴,
거울에 대면 볼 수 있고
거울에 대면 거울도 보인다

하늘과 구름과
하늘에 나는 새도 볼 수 있는
옹달샘 거울아
달을 보는 술잔 거울아

내 마음
석경石鏡처럼
닦아 만든 심경心鏡에
보이는 내 마음
백설공주처럼 예쁘면 좋겠네

여백의 슬픔

탱크인듯 성능 좋은
붓 한 자루 만들었네

문진으로 사지를 눌러 놓고
순백의 고요한 화선지에

일필휘지

강인한 심줄을 모아
검은 피로 유린하고
휘호를 꽂는다

아
누가 알리요
암묵의 명필 밑
백색의 인고를

하얗게 남은
여백의 슬픔을!

쭉지 처진 새야

쭉지 처진 새야
햇살에 깃털을 말려 보렴
더러운 먼지 모두 털어버리고
햇살에 깃털을 말려 보렴
솜털처럼 가볍게 목화처럼 가볍게
깃털을 말려 보렴
가벼워진 날개 살짝 쳐들어보아라 겨드랑이에 힘을 주고 살짝 쳐들어 보렴
쭉지 처진 젊은 새야
햇볕에 깃털을 말려라
민들레 씨앗 날개처럼
가뿐히 날아 보아라

운전과실

연락주세요
후진하다 긁었네요
죄송해요
고치는데 최선을 다 하겠습니다

상처 입은 애마를 바라보는 심정을
어찌 위로할까
보험으로 모두 해결되는가
일방 실수
일방 위로

부처가 아닌 인간人間
실수는 인간의 것
면허증 반납
아득히 멀고 가까운
인과응보인가

우리끼리

유우럽끼리 우리끼리
아시아끼리 우리끼리

유정끼리 우리끼리
무정끼리 끼리끼리

내쇼널 우리끼리
글로벌 끼리끼리
쏘셜 우리끼리
코스모틱 끼리끼리
끼리끼리 우리끼리
우리끼리 우리끼리

남이 없는 우리끼리
우리끼리 우리끼리
너나 없이 우리끼리

천상천하 우리끼리
내가 있어 네가 있고
네가 있어 내가 있다
끼리끼리 우리끼리
모두가 나 끼리끼리

하루살이

달동네 하루살이는
십년을 살아도 하루살이

빈 하늘에 살면서도
사랑을 하며, 춤도 추는
하루살이

달동네 하루살이는
언제쯤
출근 한번 해보나
월급 한번 타 보나.
사장 한번 해보나

빈 하늘 하루살이가 부럽다.

조용한 일상

옷깃 여미며
돌아본다

발등 찍는 도끼
한 수 물리고 싶은 바둑판

용서로도
꺼지지 않는 참회

내일이 오늘 되어도
물리고 싶은 한 수

그래도 오늘의 일 들이
감사로 덮는다

늙은 호박 정답 찾기

문 : 할미꽃, 늙은 호박 모셔야 할 곳은?
답 : 요양원
정답인가요?

호박 같이 못생긴 얼굴이라고 비웃음 당하며 매일 아침 풋호박 애호박 따서 주고 잎새도 따서 주고 맷돌 같은 가슴에 호박씨 품어 한여름 영글게 키우다가 무서리 내린 날 넝쿨 제치고 햇살 무늬 주름살에 잘 익은 늙은 호박으로 얼굴 내미니 그제야 찾았다고 새끼들 모여들어 곧바로 요양원* 으로 모신다네

"모시긴, 내가 가는 거지"
우리네 할머니 같이 속 깊은 늙은 호박
정답인가요?

* 요양원(요양시설) 입소요건
1. 장기요양등급 1등급, 2등급 또는 시설3등급 판정을 받은 환자.
2. 치매, 뇌졸중(중풍), 후유장애, 파킨슨씨병, 퇴행성관절염, 기타 고착된 만성질환 혹은 장애가 있어 계속적인 간병과 수발이 필요한 분.
3. 적용법률 : 노인복지법.

다 잊어버렸네

시내버스 앞좌석 여인
손잡이에 올려 놓은 손

눈 시리도록 예쁜
허락 없이 보아서 결례되는
국보 청자를 공으로 보는 고마움

말 한 마디
잊어버렸네

어쩌나
내려야 할 정거장

3부

삼처장엄

삼처장엄三處莊嚴

막 피어나는 백합송이에
아침햇살 비추일 때
그 안쪽 꽃술 궁전
장엄합니다

실하게 자란 연잎 위를
구르다 멈춘 이슬방울에
아침햇살 비추일 때
반짝이는 구슬
장엄합니다.

배내짓 하는 아기얼굴에
문창호지 넘어 온
아침햇살 비추일 때
발그레한 얼굴
장엄합니다.

참나무

어린 참나무는
바늘잎으로 무장한 소나무이거나
속을 비우고 비운 내공의 대나무처럼
새한삼우塞寒三友 귀족 밥통 못되어 슬펐다.

단풍 들 때 단풍 들고 낙엽 질 때 낙엽 지고
계절의 바퀴에 깔려 속살에 새겨진 나이테
요절한 어느 시인의 나이만큼 눈물만큼 쌓여갔다

참나무 나이테는 그냥 나이테였을 뿐
도끼날에 패댕이쳐 참나무 장작되어
불가마 속을 걸어 나와 숯이 되어서야 깨달았다
숯 중에 제일 참나무 숯이 된 것을

사시의 진리에 순명, 속이 까맣게 탄 참 삶이었기에
참나무 숯이 된
참나무는 우리나라 할미들 같은
참나무 charm tree 참나무

조각보

알록 달록 비단 조각들 모아
조각보 만드는 아낙네 사랑

스치는 손길마다 봄 햇살되어
아우슈비츠의 하늘에 머물다

평화가 하늘 빛 큰 보자기로
모두를 감싸 안는 날
미어지게 기다리네
조각보 가슴

풀꽃에게 묻는다

가녀린 작은 풀꽃에게 묻는다

밤새 별빛 이슬에 피어난 풀꽃 보고
너는 선이냐 악이냐 묻는다면
지나가는 바람도 고개를 돌리는데
뻘에서 갓 피어난 연꽃은 대답을 알고 있을까

모두 기고 아니고
아니고 긴 절묘한 대답

관음봉에 내리는 눈

계룡산 관음봉觀音峯에 눈 내린다.
흰빛 하나로 되고자
눈 오는 소리 소瀟소 쇄灑쇄*

저 눈송이 하나 하나
몇 억겁의 연으로 내리는 걸까

너와 나
둘 아닌 세상

보드랍게 덮으며
포근히도 내린다

* 소쇄瀟灑 : 산뜻하고 깨끗함.

인지 들판의 4계

1. 봄

옥녀봉과 간월도 사이
인지들판의 봄은
새벽 하늘길 떠나는 철새들 편대로 열리고
겨우내 준비된 풍전저수지 물은
윗배미에서 아랫배미로 물 내리기 바쁘고
면사무소 담장 늙은 벚나무는
꽃필 자리 잎필 자리 물 올리기 바쁘고
드디어 질펀한 물바다 들판은
아지랑이에 감싸여 새순들을
잉태한다

2. 여름

팔월의 인지 들판 벼포기의 물결은
누가 시켜 추는 춤일까
자지러지게 허리 굽혀 웃기도 하고
휘파람 불고 재채기도 하며
바람가락에 실려
청록靑綠 파도타기
춤 추는 무희들

>

알곡을 위하여
이글거리는 태양을 안고
인지 들판의 여름 벼포기들
황금 가을을 잉태한다

3. 가을

한해旱害 수해水害 풍해風害 다 막아내고
드디어 노랗게 잘 익은
황금 알곡 앞에서 겸손한
늙은 농부들의 가을은
진주 빛 주름살로 빛나고

인지들판의 가을은
곤포 사일리지 하이얀 꽃가마를 타고
서서히 겨울로 퇴장한다

4, 겨울

— 인지들판에 내리는 눈

옥녀봉과 간월도 사이 무학의 고향

서산이 얼싸안은 인지들판에
봄 여름 가을 다 가고
가창오리 장다리물떼새 천수만 찾으면
다 퍼낸 밥솥,
해산한 아낙 같은
인지 들판에 눈이 내린다

연두빛 봄 색시의 꿈을 담아
소복소복 내린다

도비산 부석사島飛山浮石寺

도비산 오르는 길 여럿 있지만
부석사를 거쳐 도비산을 오른다

오르고 싶은 것은 낮은 뎃 사람 매 한가지지만
뜰부浮 돌석石
돌이 물 위에 뜨고
섬도島 날비飛
섬이 바다 위로 날라

꼴찌가 첫째 되듯
콩나물 시루 속 콩나물처럼
밑에서 위로 날고 뜨는 돌멩이들을
간월암의 무학舞鶴이야 알았을까

고운과 더불어 구름 타고
대둔산에서 개태사로, 계룡의 국사봉 거쳐
가야 덕숭산에서 노을 고운 꽃지에 이르기 전
도비산 들려 물위에 뜬 돌
구경 한 번 해볼거나 훨~ 훨~

연포

연포해변을
손잡고 걷고 싶다
혼자 걷는
백사장

백발이 되어 와도
변할 줄 모르는
파도

연포해변을
손 잡고 걷고 싶다

이젠 백발이 되었을
내 누이 같은 여인

격렬비열도

우리나라 섬, 우리 고유 이름표 붙이고
영해기점領海起點에 서 있다
곧추세운 가파른 등뼈 거센 풍랑 막고
등대처럼 부릅뜬 눈 밤바닷길 안내하고

동해에 독도獨島가
서해에 격렬비열도格列飛列島*가
우리의 바다를 지켜준다

날아가는 삼각편대 새 모양 삼형제 격렬비열도
큰형 북격렬비열도는 국유이지만
두 아우 동, 서격렬비열도
둘 중 하나라도 남의 나라에 넘어가면 어찌될까
날아가는 삼각편대 새 모양, 그 이름과 지키던 바다
어찌 될까

우리나라 섬이 우리 바다 지키게
우리 섬 우리가 지켜야

* 태안군 근흥면 가의도리 태안반도 안흥 관장곶에서 서쪽 55km, 중국 산동반도에서 동족 268km, 동경 125° 34′ 북위 36° 34′에 위치. 한국 영해 기점 23개 중 하나, 동, 서격렬비열도는 개인 소유라 한다.

까치밥

따고 남은 감
까치밥
찬 서리 가지 끝에
홀로 남은 감.

목로 집 식탁에
혼자이신
은사님
"내가 누구와 같이 다닌다는 말인가 이 사람아"
쭈굴쭈굴 홍시가 되셨던 은사님

나 이제 까치밥되어
홀로 앉은 그 목로집

유월 아침의 공원

샘머리공원 유월의 아침은
하얀 산딸나무
연분홍 자귀나무
빠알간 장미로 눈 부시고

탑돌이 돌 듯 도는 워킹코스에
가득히 돌고 도는
무지개 빛 사람들

어느 하나 빠짐이 없이
모두가 닮아서
아침햇살 같구나

하늘과 구름

눈 안에 들어 온 구름이 사라질 때까지 보고
다시 떠오는 구름을 좇아 다시 고개를 돌려 보아도
아무도 말해주지 않네 어데로 가는지

있다 없는 구름
없다 있는 구름

굴렁쇠 어린이 뛰어 놀 듯
뛰어노는 구름
분향의 연기처럼 피어올라
사라지는 구름

구름이 하늘 화판에 그리는 그림
만변천화

변함 없는
청정 하늘
내 마음 되고 싶어라
구름이 오가도
아랑곳 없는 하늘을 닮고 싶고나

파란 하늘에 하얀 구름이
성체를 영한 대열처럼 흩어져 돌아간다

새벽에 내리는 눈

새벽에 내리는 눈은
삽살강아지

어린 가슴 뛰게 한
소녀들

새벽에 내리는 눈은
늙은 가슴에
스란치마

백만 송이 천만 송이
백합

겨울 바다

바다는 겨울에도
반겨줍니다
혼자라도 그 사연 안 묻습니다

옷깃 여며주는
겨울 바다
눈이 내려도
바다에는 쌓이지 않습니다

때리고
치고
갔다 되오는 파도
물고기 등뼈
갈채

파도소리로 함께 울며

찬란한 보석의 오색 중
저 푸르름으로
슬픔을 깔고
장엄히 춤추는 바다여
이 땅의
젊은이들 슬픈 가슴들이여

힘 없는 백발

찬란한 보석의 오색 중
저 푸르름으로
슬픔을 깔고
장엄히 춤추는
바다
파도소리로 함께 울며
토닥여 주고 싶구나
너희 젊은 가슴
처진 어깨
진학취직 시험시험

은초롱 물방울

— 시집 『연리근』에서 일곡一谷을 보며

일곡의 귀한 연리근이
바다까지 왔나

한 알갱이 은초롱 물방울

하늘로 바다로
때로는 꽃잎에 이슬로
천애의 달팽이 눈물로, 난향의 구슬로

라사, 타지마할, 룸비니 정원, 에베레스트, 엠파이어스
테이트 전망대, 때로는 옹기마을
돌고 돌아 스쳐 보인 영상마다 성화요
담아 들린 소리마다 성가로다

가슴은 언제 그리 키우고
불 집혀 따뜻이 데펴 놓았던고
크고 멋진 연리근!

오래 오래 빛나시라 한 골짝
은초롱 물방울이여

4부

소쩍새 우는 밤의 추억

비 오는 날 막걸리 한 잔

회색 구름이 햇빛을 막아놓고 검은 구름이 비를 내린다
인지들판은 온통 회색 바탕에
먼 산의 능선과 소나무들과 철모 같은 도비산은 짙은 검정
하얀색은 비닐하우스 지붕, 여기 저기 가둔 논물,
저 멀리 가로림만 경계의 물
들판 건너 소나무 밭의 고층 아파트 고색창연 중세 유럽의 성
짙은 회색으로서 있다

막걸리 잔 앞에 부슬비 내리는 구름과
검은 소나무에 그리움이 물처럼 어른거리며 스치는데
고개 젖히며 한 잔
또 넘어가는 막걸리
김치빈대떡

가을 봄

가을은 떠나는 계절
온 데가 있어 갈 데가 있고

봄은 강남 제비
다시 오는 계절

가을 봄
봄 가을, 내일도 해가 뜬다

가을은 가을 봄은 봄이로다
한 치도 변함이 없구나

가면 오고
오면 가고

어느 노인의 봄

모든 꽃이 봄이라서 피는 것이 아니다
모든 새싹이 봄이라서 돋는 것이 아니다
가을 국화처럼

사시의 첫째는 봄이요
봄꽃 가을열매라
사랑은 젊음이 제철이라지만

어느 노인의 봄은
반쯤 감은 미소로
시를 쓰며 핀다

시작과 끝

시작이 없이 있는 것이 없고
끝이 없이 있는 것이 없다

있는 것의 시작이 없고
있는 것의 끝이 없다

너 없는 나 없다.

큰빚

손을 쥐었다 폈다 빠져나가는 모래알
빈손이 아니라도 좋은데 빈손으로 가나

눈 부시게 이슬 머금어 피어나는 백합에게도
갚아야 할 빚 어이하나
하늘만큼 별만큼 갚아야 할 큰빚 어이하나

저녁노을

해가 진다는 것이
어찌 큰일이 아니겠는가
그래서
저녁노을은 온통 붉게 울고
어쩔 수 없이 종착을 맞는 모든 것은
해가 걸끄덕 넘어갔다 한다
오로지 그뿐이겠는가
태양이 마지막 꺼지는 순간
기다린 듯 어둠이 시작되는 길목
노을은 조용히 어둠으로 이운다.

나이 들면서

나이 들면서 잃는 것이 노래뿐이 아니다
직장도 직위도
시력 청력 정력 체력
떠난 이들의 이름과
많은 단어들

나이 들면서 반납해야 하는 것이
운전면허증만이 아니다
맺힌 인연의 실 타래 한 올 한 올
드디어 반납해야 할 들숨 날숨

나이 들면서 바뀌는 것이
머리카락만이 아니다
소년은 할아버지로
한 방은 각 방으로

그래도
바뀌지 않는 것은
매일 아침 뜨는 해와
바다와 산과 들판
어제와 오늘과
그리고

곰 삭아 온 우정과
내 늙은 아내의 이름

참새의 유언

참새가 가면서 남긴
한 마디 말

"짹"

소쩍새 우는 밤의 추억

소쩍 솥 적다
여름 밤 소쩍새 울음

별 하나
별 둘
총총한 밤하늘
솥 적다 솥 적다
멍석에 누워 베개 삼은 깍지 손밑
떨어질 듯 맺히는 이슬

커서 무엇이 될 거냐 물으면
고픈 배를 채워 줄
밥이나 한 솥 해봤으면
크고 큰 가마솥에
밥이나 한 솥 해봤으면

어린 시절 보릿고개
소쩍새는 밤새 울었다

이제야 보릿고개 넘어 흰 머리 먼 귀에
귀촉도歸蜀道
불여귀不如歸

가마솥 머얼건 눈
소쩍새 그렁그렁

맏물 수박

복날 오후, 친구가
텃밭에서 거둔 맏물이라며 놓고 간 수박
튕겨 보는 아내에게 철벅하면 홍수 딱하면 땡감이지 안 두드려 보아도 틀림없다 장담했다

어름에 채운 삼각편 잘 익은 수박이
우리 내외 부채질을 쉬게 했다

병원 누님 생각
옛 선비 친구 생각
옥류관 평양냉면 그곳 사람들과도 한 조각 나누고 싶다

시원한 바람 불어
우리들 바램이 맏물 수박처럼 잘 익으면 좋겠다

수목장

사람이 산을 처음 보았을 때
이미 산은 사람을 보고 있었다

사람은 산 정수리에 올라
발 아래 세상을 노래하면서
산을 오르는 이유로
'산이 거기 있으니까'라고 말한다

늙은 사람이 오르지 못하고 쳐다만 볼 때도
산은 하늘에 기대 서서 사람을 다– 보고 있다

산의 품속에 묻혀 영 내려가지 못 하는 사람을
시체말로 멋 부려 수목장樹木葬이라 한다네

저무는 해 내리는 눈

저무는 해
내리는 눈은
눈 선 풍광들을
하얗게 지우고
하얀 눈 속에서
고운 꽃 예쁜 노래를
준비합니다

저무는 해
내리는 눈은
새해 새아침 해맞이처럼
소복 소복
새봄 향한 기도랍니다.

사계절의 바람꽃

봄꽃은 동풍에
어질고仁

여름꽃은 남南을 향해
절하고禮

가을꽃은 서풍에
서릿발 칼날義

겨울꽃은 북풍에도
씨앗 정貞히 간직한다네智

새벽 닭曉鷄

장닭이 날개로 허리를 치며 발을 치켜세우고
눈알을 붉히며 하늘에 대고 꼭꼭이요 소리친다

하늘나라 옥황상제의 화살을 주어 오라는 명을 받아 이 땅에 내려 온 천사가 땅의 매력
그 환락과 병아리 육추에 그만 승천의 기회를 잃었다

뒤 늦게 후회하며 땅을 저주하기에 뾰쪽해진 발톱, 부리,
꼭꼭이요 새벽마다 외치다가
길어진 목

닭아 닭아
모두 다 숙명이다
효계曉鷄
새벽을 인도하는 숙명

봄꽃이 피고 지고

모진 바람 겪지 않은 나무에
혹독한 추위 견디지 않은 나무에
긴 겨울밤의 터널 지나지 않은 나무에 봄꽃은 피지 않는다
나이테 주름하나 더하는 나무에 비로소 피는 꽃
조심스러움과 경이로움과 감사함으로 피는 꽃
그리하여 더욱 아름다운 꽃

　　벚꽃
　　진달래꽃
　　목련꽃

봄꽃은 가을 국화처럼 오래 머물지 않는다
수줍은 듯 고개 떨구는 진달래꽃
화사하게 낙하하는 벚꽃
가슴 미어지게 뚝뚝 내려앉는 목련꽃

어느 봄날 저녁노을에 화사하게 춤을 추며
낙하하는 꽃잎, 낙화암 궁녀들

봄꽃이 피고 지고
기도로 모았던 두 손
어느덧 안녕하며 흔들고 있구나

아름다운 11월에!

흰 머리 친구여
정말로 아름다운 11월입니다
단풍도 낙엽도 아름답습니다

하나, 둘, 떨쳐버리고
바람에 맡겨 흔들거리는 나무와
추수가 끝난 빈 들판도 멋진 그림입니다

흰 머리 친구여
11월은
코 끝의 열기를 식히는 바람이 오히려 상쾌하여
멋진 출발을 재촉하고 있지 않는가요

진실로 아름다운 님을 위하여
잊을 수 없는 젊은 시절의
우리들 가슴 앓던 님을 생각하며
11월은 어데든 떠나야 합니다
흰머리 친구여
11월은 하나하나
떠나는 달입니다
낙엽처럼.

이름 모를 풀잎

날마다 거니는 들판에서
날마다 만나는 논길 밭길에서
바람에 흔들리는
이름 모를 풀잎, 풀잎들

어느 때는 아는 체 어느 때는 모르는 체
그대로 지나간다

바람에 흔들리는 풀잎과 나
왔다가 간다
나와 같은 풀잎
풀잎 같은 나

잔인한 계절

엇그제 눈을 이고 나와
머리 한쪽이 하얀 강아지
민들레 꽃을 요리조리 희롱하다가
또래와 비벼대며 사랑놀이를 하는
봄

그 봄에
저마다 향기를 내며 아름다움을 자랑하는 꽃들이
벌과 나비를 부르는데

가족들이 꽃구경 나가 빈 아파트 베란다
아무도 몰래 머리 디미는 봄볕에
은밀히 거풍을 시켜 보아도
머리 들 줄 모르는 노신사의 봄은
잔인한 계절이다

연분홍 바람이 스쳐 간다

낙엽

외로워 슬픈 계절 굴러다니는 낙엽
낙엽은 나무에 쏟은 공로

퇴역 장군, 퇴직 교장, 백발 노인은
조국과 후손에 쏟은 공로

허무가 아니고
실유實有다
낙엽을 밟지 말자

바람에 날린다고
구름처럼 덧없음이 아니다
봄 여름 탄소동화 제 할일 하고
때를 알아 자리를 비켜주는 신사紳士
낙엽
낙엽을 밟지 말자

낙엽은
쓰레기와 반열이 다르다
낙엽을 밟지 말자

귀뚜라미

당율마을 200살의 팽나무에 앉아
여름 내내 매미가 애타게 울고

맨드라미 장독대 낙엽이 떨어지면
귀뜨라미가 피 맺히게 울고

저무는 해 눈 내리는 보문산 기슭
울보 시인 박용래 시비詩碑
세상사 혼자서 서러운 듯
막걸리 빛 울음 울고

가을

빈 들판 허수아비처럼
구멍 뚫린 가슴으로 먼산바라기 되네

노을로 물 드는 단풍에
해마다 도지는
그리움

한겨울 이불 속

오늘의 끝은 끝이 아니다
잠옷으로 갈아입고
마무리 하는 하루
들어 가 누운
한 겨울 이불 속
따뜻한 평화

죽는 것은 잠자는 것*
수의壽衣로 갈아입고
마무리하는 한 생
들어 가 누운 관 속
조용한 평화

* 햄릿의 독백 중 To die to sleep.

해설

지극한 복종이 낳은 환대의 정신

오홍진 문학평론가

지극한 복종이 낳은 환대의 정신

오홍진 문학평론가

김명환의 시는 이미 지나온 시간을 되돌아보는 성찰의 미학에 뿌리를 내리고 있다. 시간을 성찰하는 주체는 시간 속에서 시간 너머로 나아가는 길을 모색한다. 생명으로 태어난 존재치고 시간을 벗어날 수 있는 존재가 어디에 있을까. 시간 속에서 시간 너머를 들여다보는 시적 주체는 "당신이 잃은/ 당신의 소리"(「심우정사」)를 찾아 길을 떠날 준비가 되어 있다. 심우尋牛, 곧 소를 찾는 행위는 잃어버린 소리=마음을 찾는 행위와 다르지 않다. 「심우정사」라는 시에서 시인은 이곳을 오가는 이들에게 "언짢은 것 모두 다 두고 가게나/ 터지는 분통도 두고 가게나"라고 이야기한다. 언짢은 마음을 품고 어떻게 소를 찾을 것이며, 분통을 터뜨리며 어떻게 소를 찾을까?

한밤중에 들려오는 소 울음소리를 들으려면 무엇보다 언짢음이나 분통과 같은 감정들을 내려놓아야 한다. 감정은 쉬이 바깥에서 들려오는 감각에 휘둘린다. "어차피 찾아오는 심우의 소리"(같은 시)는 바깥에 매이지 않는 존재만이 온전히 들을 수 있다. 소 울음소리는 바깥에서 들려오지 않는다. 아니, 안과 바깥이 구분되지 않는 장소에서 소 울음소리가 들려온다고 말하는 게 정확하겠다. "새 소리/ 물소리/ 바람 소리"(「심우尋牛의 소리」)는 바깥에서 들려오는 소리이면서, 동시에 마음 깊은 곳에서 울려 나오는 소리이기도 하다. 어느 한쪽에 매이면 이 소리들은 쉬이 저편으로 사라져버린다. 새 소리가 물소리가 되고, 바람 소리가 되는 이치를 깨달으려면 안과 밖을 나누지 않는 마음결을 반드시 따라야 하는 셈이다.

춤추는 노부부 문양석
부엉이 가슴 문양석
돌덩이에도 이름 붙이며
소립자의 무정설법을 조르네

부처 되는 날
기다리며
쓰다듬는 손길

돌의 체온
—「돌덩이」 전문

잘 한다
개구리
점프

구렁이 아가리로
개구리
점프

개구리도 구렁이도
다皆
부처라네

—「부처」 전문

돌덩이는 "춤추는 노부부 문양석"이 될 수도 있고, "부엉이 가슴 문양석"이 될 수도 있다. 돌덩이에 붙여지는 수많은 이름들은 하나로 환원될 수 없는 자리에 사물로서 '돌덩이'가 있음을 알려준다. 돌덩이 하나하나에 이름을 붙이며 시인은 "소립자의 무정설법"에 이르는 길을 찾아 나선다. 이름이란 또 다른 이름을 불러낸다. 사물에 담긴 의미는 그것을 바라보는 사람들만큼이나 다양하기 마련이다. 열 사람이 열 개의 시선으로 돌덩이라는 사물을 바라본다. 사물을 바라보는 시선을 꼭이 눈으로 한정할 필요는 없다. 귀로 들을 수도 있고, 코로 냄새를 맡을 수도 있다. 입으로 맛을 볼 수도 있고, 온몸으로 그 촉감을 느낄 수도 있다.

시인은 "부처 되는 날/ 기다리며" 하염없이 이 돌덩이를 손으로 쓰다듬고 있다. 쓰다듬고 또 쓰다듬다 보면 돌덩이도 부처가 되는 날이 오게 될까? 부처가 되어 "소립자의 무정설법"을 말하는 순간이 돌덩이에게도 오게 될까? 인간의 시간으로 셈할 수 없는 무한을 시인은 돌덩이에서 보고 있다. 중요한 것은 돌덩이가 품고 있는 무한의 시간을 견뎌야 부처가 되는 날을 기약할 수 있다는 점에 있다. 부처가 되는 길은 무한하게 뻗은 시간의 길을 걷는 것과 다르지 않다. 시인은 무한으로 가는 길 위에서 끊임없이 돌덩이를 쓰다듬으며 "돌의 체온"을 느낀다. 돌덩이가 부처가 되는 날 시인도 부처가 될 수 있다. 시인이 부처가 되는 날 돌덩이 또한 부처가 된다고 말해도 좋다.

하나면서 둘인 시인과 돌덩이의 관계는 「부처」에서는 구렁이와 개구리의 관계로 변주되어 나타난다. 개구리가 구렁이 아가리로 점프를 한다. 개구리에게 구렁이 아가리는 죽음이 도사리고 있는 장소이다. 개구리는 왜 목숨을 걸고 구렁이 아가리로 점프하는 것일까? "개구리도 구렁이도/ 다皆/ 부처라네"라는 시구에 이 물음에 대답할 단서가 나와 있다. 개구리가 구렁이 아가리로 점프하는 순간 개구리는 삶과 죽음을 넘어서는 어떤 장소에 들어서게 된다. 개구리는 '목숨을 건 도약(점프)'을 함으로써 새로운 목숨을 얻는다. 점프를 하기 전과는 다른 존재가 된 이 존재에 시인은 '부처'라는 번듯한 이름을 붙이고 있다.

개구리가 부처가 되었으니 그 부처를 온몸으로 끌어안은 구렁이 또한 부처가 될 수밖에 없다. 물론 부처가 되려면 구렁이도 개구리처럼 목숨을 건 도약을 주저 없이 감행해야 한다. 절벽 위에서 한 발을 더 내딛는 모험은 어찌 보면 '자기'에 대한 집착을 거둔 존재만이 이를 수 있는 마음의 경지인지도 모른다. 자기에 집착하는 사람은 결코 목숨을 걸고 구렁이 아가리로 점프하는 개구리가 될 수 없다. 심우의 소리로 말하자면, 목숨을 거는 순간은 소 울음소리와 마주하는 순간을 가리킨다. 목숨을 건 개구리에게 구렁이 아가리는 더 이상 두려운 장소가 아니다. 그 속으로 기꺼이 들어가야 개구리는 이전과는 다른 존재로 탄생할 수 있다.

돌덩이와 개구리와 구렁이에 내재된 부처의 심성은 「심우尋牛의 소리」에 이르면, "예수님 눈망울에서/ 크고도 슬픈/ 소의 눈"으로 변주되어 표현된다. 예수님 눈망울에는 새 소리가 있고, 물소리가 있고, 바람 소리가 있다. 그것들만 있을까? 돌덩이가 있고, 개구리가 있고, 구렁이가 있다. 한마디로 예수님 눈망울에는 부처라고 불리는 모든 사물들이 스며들어 있다. 세상의 만물에 스민 이 부처(의 마음)를 시인은 계룡산 삼불봉에 있는 심우정사에서 발견하기도 하고, 서산 예천동 성당에서 발견하기도 한다(「자화상 —암자에서 성당으로」). 암자와 성당이 중요한 게 아니다. 중요한 것은 온갖 사물에 내재되어 있는 부처(예수라고 해도 좋다)를 발견하는 일이다.

> 가까이에선 너무 커서
> 멀리서도 너무 커서
>
> 안 보이는
> 하느님.
>
> —「하느님」 부분

> 도道는 따라야 할 길
> 순順하는 자에게
> 역易이 있나니.

—「지극한 복종」 부분

불경을 외우며 그린 부처님
성경을 읽으며 그린 하느님
부처님은 허허 하느님은 하하
내가 그린 부처님과 하느님은 눈이 둘 코가 하나 입이 하나 나를 닮았습니다

—「내가 그린 부처님 하느님」 부분

너무 커서 안 보이는 하느님으로 시인은 무한한 시간을 이야기한다. 시간 안에 있는 하느님은 언제나 시간 밖을 거닐고 있다. 너무 크면서 너무 작은 하느님을 보려면 그에 걸맞은 존재로 거듭나야 한다. 앞서 시인은 개구리와 구렁이 아가리의 모순어법으로 너무 크면서 너무 작은 부처를 묘사한 바 있다. 하느님과 부처를 찾아 떠나는 심우의 길은 확연히 보이면서도 전혀 보이지 않는 존재를 찾아가는 역설의 길이라고 할 수 있다. 역설의 길은 이것과 저것을 한 몸에 품고 있다. 이리로 가면 저기가 나오고 저리로 가면 여기가 나온다. 여기와 저기를 나눌 수 없는 자리에 역설은 자리하고, 여기와 저기를 가로지르는 경계에 역설은 자리한다.

시인이 "안 보이는/ 하느님."을 향해 '지극한 복종'을 다짐하는 이유는 여기에 있다. "하늘의 종복從僕"(「지극한 복종」 2연)이라는 시구가 암시하거니와, 시인은 너무 커서(작아서) 안 보이는 하느님에게 지극한 복종을 맹세하고 있다. 복종은 집착과 다르다. 집착이 하느님이라는 존재에 매이는 일이라면, 복종은 하느님이라는 존재를 기꺼운 마음으

로 따르는 일이다. 위에 인용한 「지극한 복종」의 마지막 연에서 시인은 "도道는 따라야 할 길"이라고 이야기한다. 도가 없는 무한을 상상해 보라. 무한의 바깥에는 무한이 있을 뿐이다. 가도 가도 끝이 없는 이 무한에 복종하려면 방법은 오로지 하나, 도를 따르는 길밖에는 없다.

도를 따라 걷는 사람은 도에 순順하는 사람이라고 할 수 있다. '순'이란 길에서 어긋나지 않고 길을 따라 걷는 것을 의미한다. 하느님이 내보인 무한의 길을 시인은 굳건한 믿음으로 흔들림 없이 걷는다. 하느님=도=길에 대한 믿음=순 없이 어떻게 길 없는 길을 걸을 수 있을까? 시인은 길 없는 길을 무사히 걷기 위해 끊임없이 하늘을 향해 절실하게 기도를 올린다. 복종이 지극할수록 기도는 그만큼 더 절실해진다. 이런 맥락에서 보면, 시인이 말하는 지극한 복종은 말 그대로 자발적인 복종이라고 할 수 있다. 한없이 자유로워지기 위해 시인은 더욱더 지극한 복종을 하느님 앞에서 맹세한다고나 할까.

여기서 우리는 시인이 말하는 지극한 복종이 순順과 함께 역易을 내포하고 있다는 점을 분명히 알 필요가 있다. 역은 거스르는 것이고 뒤바꾸는 것이다. 무엇을 거스르고 뒤바꾼다는 것일까? 순과 역을 함유하고 있는 것이 도라는 점을 다시금 떠올려 보자. 시인에게 하느님을 향한 지극한 복종은 절대 명령과도 같은 것이다. 그것을 따르는 과정 속에서 순이 나오고 역이 나온다. 역이란 그러므로 무한 속에서 끊임없이 변주되는 수많은 형상들이라고 할 수 있다. 도를 따르는 존재는 시간 속에서 시간을 따르며 동시에 시간을 거스른다. 도는 시간의 안과 밖을 아우르며 새로운 길로 뻗어

나간다. 김명환이 이야기하는 심우의 소리는 이렇듯 순과 역이 반복되는 길道 위에서 비로소 펼쳐지는 마음결이라고 봐야 하겠다.

「내가 그린 부처님 하느님」에 표현된 대로, "내가 그린 부처님과 하느님은 눈이 둘 코가 하나 입이 하나 나를 닮았"다. 시인이 그린 부처님과 하느님은 인간의 부처님과 하느님이다. 돌덩이는 돌덩이대로 부처님과 하느님을 그리고, 개구리는 개구리대로 부처님과 하느님을 그린다. 저마다의 마음에 새겨진 부처님과 하느님은 어느 때는 인간의 모습을 하고 있다가, 어느 때는 돌덩이로, 개구리로, 구렁이로 끊임없이 변신을 한다. 도의 길에서 펼쳐지는 순과 역의 상상력은 모든 사물이 부처님이 되고 하느님이 되는 과정으로 거듭난다. 저 밖에 부처님이, 하느님이 따로 있는 게 아니다. 지금 내 앞에 있는 이 존재가 바로 부처님이고 하느님이다.

흰 머리 노신사
빠 알 간 단풍잎 하나 들고 오시네

단풍잎이 참 아름답네요
웃으며 인사 올리니
노신사 허리 굽혀 하시는 말씀

감사합니다
—「노신사님 단풍잎」 전문

이 푸른 별에 태어나
머물다 가는
시인의
마지막
한 줄
시

감사합니다

—「마지막 한 줄 시」 전문

흰 머리 노신사가 빨간 단풍잎 하나를 들고 푸른 별에 태어나 머물다 가는 시인에게로 온다. 시인이 단풍잎이 참 아름답다고 웃으며 인사를 하자 노신사 또한 허리를 굽히며 "감사합니다" 인사를 한다. 푸른 별에 태어난 시인은 흰 머리 노신사가 들려준 이 말로 "마지막/ 한 줄/ 시"를 쓰고 있다. "감사합니다"라는 시어가 한 편의 시가 되어버리는 상황은 이렇듯 서로를 향해 감사를 드리는 환대의 시학에서 비롯된다. 환대란 아무런 대가를 바라지 않고 타자를 대접하는 일이다. 대가 없는 일을 죄악시하는 자본주의 사회에서 환대는 이제 쓸데없는 미덕이 되어버렸다. 신자유주의 논리를 전폭적으로 받아들인 한국사회 또한 환대의 정신을 잊어버린 지 오래다.

김명환의 이번 시집에는 환대가 사라진 한국사회를 서글프게 바라보는 시적 주체의 시선이 여러 시편을 통해 강력하게 표출되고 있다. 시인은 흰 머리 노신사가 되어 서로를 원수 대하듯 하는 사람들을 향해 "오른손도 왼손처럼 내 몸인 것을/ 왼손도 오른손이랑 내 몸인 것을."(「좌우의 백발」)이라고 외치고 있다. 좌우의 이념으로 나뉜 사람들은 "좌를 더 좌로/ 우를 더 우로 밀어 제쳐" 결국에는 서로에게 씻을 수 없는 상처를 남긴다. 한 몸으로 보면, 오른손이나 왼손이나 절대로 나누어질 수 없는 '한 몸'이 된다. 이런 이치를 무시하는 사람들일수록 나눌 수 없는 것을 억지로 나눔으로써 세상을 어떻게든 제 뜻대로 움직이려고 하는 것이다.

좌를 더 좌로 미는 사람이나, 우를 더 우로 미는 사람이나 '감사합니다'라는 말을 할 줄 모른다. 감사합니다, 한 마디면 쉬이 풀릴 일을 이들은 좌나 우로 치달아 나아감으로써 얼굴을 맞대고 소통할 수 있는 상황을 놓쳐버린다. 「하얀 손의 슬픔」에서도 시인은 "이웃간 도토리 키재기/ 지우자 용서하자 잊어버리자"라고 거듭 외치고 있다. 이념은 주변을 둘러보지 않고 오로지 앞만 보고 달린다. 좌나 우에 치우쳐 한국사회를 분열로 내모는 세력이 과연 흰 머리 노신사가 들려주는 "감사합니다"라는 말의 진의를 제대로 파악할 수 있을까? '나'와 '너'는 다르다는 분열의식은 서로를 환대하는 마음을 통해서만 극복될 수 있다. 김명환의 시를 관류하는 시심詩心은 바로 흰 머리 노신사가 전하는 환대의 정신에서 생성되고 있는 셈이다.

「거울 —심경心鏡 만들어」를 따르면, 환대의 정신은 제 마음에 갇히면 볼 수 없는 얼굴을 거울을 통해 보는 데서 이루어진다. 거울에는 거울을 보는 사람의 얼굴이 비친다. 자기 얼굴이 비친다는 말이다. 환대는 거울에 비친 자기를 대접하는 일과 다르지 않다. 자기가 자기를 대접하는 일을 그 누가 소홀히 여길까? 시인은 거울에 비친 자기를 대하는 마음으로 타자를 대하는 게 바로 환대의 정신이라고 이야기한다. 내가 곧 네가 되고, 네가 곧 내가 되는 이 장엄한 풍경을 시인은 "배냇짓 하는 아기얼굴에"(「삼처장엄三處莊嚴」) 아침 햇살이 환히 비추는 장면으로 묘사한다. 연잎 위를 구르는 이슬방울에 아침햇살이 반짝이는 장면으로도 묘사되는 이 아름다운 풍경들로 시인은 소를 찾아 나선 자가 이른 마음자리를 드러내고 있는 것이다.

알록달록 비단 조각들 모아
조각보 만드는 아낙네 사랑

스치는 손길마다 봄 햇살되어
아우슈비츠의 하늘에 머물다
—「조각보」 부분

참새가 가면서 남긴
한마디 말

"짹"
—「참새의 유언」 전문

죽는 것은 잠자는 것
수의壽衣로 갈아 입고
마무리하는 한 생
들어가 누운 관 속
조용한 평화

—「한겨울 이불 속」 부분

「조각보」에는 알록달록한 비단 조각들을 모아 조각보를 만드는 아낙네들이 나온다. 개개의 비단 조각들이 모여 만들어진 조각보를 보며 시인은 아우슈비츠의 어두운 하늘을 환히 비추는 봄 햇살을 연상한다. 잘 알려진 대로 아우슈비츠는 유대인 학살이 자행된 곳이다. 수많은 이들이 단지 유대인이라는 이유로 살육을 당했다. 게르만 민족주의라는 살벌한 '이념'으로 나치는 유대인을 말살하려고 했다. 나치에게 유대인은 박멸해야 할 '벌레'일 뿐, 더불어 살아야 할 '생명'이 아니었다. 시인은 아낙네들이 만든 조각보를 보며 "평화가 하늘 빛 큰 보자기로/ 모두를 감싸 안는 날"(같은 시 3연)을 상상한다. 이념에 매이면 조각보가 내보이는 조화와 평화의 이미지를 들여다볼 수 없다. 이념 너머를 상상하는 간절한 마음을 시인은 이 시를 통해 분명하게 드러내고 있는 것이다.

이념에 묶인 사람은 왜 하나하나의 비단 조각들에 서린 마음을 용납하지 않으려고 하는 것일까? 짧은 시인 「참새의 유언」을 살펴보도록 하자. 시인은 이 시에서 참새가 남기고 간 한마디 말에 주목한다. 참새가 어떤 말을 남겼느냐고? 당연히 "짹"이라는 말을 남겼다. 참새는 짹, 한마디를 남기고 다른 세상으로 건너갔다. 짹, 소리를 남기고 떠난 참새는 참새로서 살다가 참새로서 죽었다. 제 본성을 지키는 삶을 살았다는 말이다. 이념에 매인 사람은 무엇보다 이러한 본성(생명)과는 무관한 삶을 살고 있다. 그는 참새가 남긴 "짹" 소리를 이념에 맞추어 해석하려고 한다. 참새가 애초부터 지닌 본성을 인정하지 않는 것이다.

선가禪家의 사유방식이 잘 드러난 「참새의 유언」에서 시인은 사물을 사물로서 직관하려는 시작詩作을 펼치고 있다. 도道를 묻는 제자에게 한 스승은 손가락으로 정원에 핀 잣나무를 가리켰다고 하던가. 스승은 도로 들어가는 길을 넌지시 알려줄 뿐이다. 스승의 손가락에 매인 사람은 정원의 잣나무를 보지 못하고, 밤하늘에 뜬 달 역시 보지 못한다. 갈 때가 된 참새는 시인에게 "짹"이라는 한마디 소리를 남겼다. 시인은 그 소리를 참새의 유언으로 받아들인다. 삶과 죽음의 경계에서 한 마리 참새가 내뱉은 이 소리에서 시인은 스승이 손가락으로 가리킨 잣나무와 달을 발견하고 있는 셈이다.

"한겨울 이불 속"에서 펼쳐지는 "조용한 평화"(「한겨울 이불 속」)는 무엇보다 참새가 남긴 유언을 귀담아 듣는 시인의 마음결에서 비롯되고 있다. 위에 인용한 부분에 뚜렷이 나타나는 대로, 「한겨울 이불 속」에 펼쳐진 평화로운 풍경은 삶과 죽음을 나누지 않는 사유방식과 긴밀하게 이어져 있다. 분별심이 강한 사람은 어떻게든 삶과 죽음을 멀리 떨어뜨려 놓으려 한다. 분별심이란 '나'를 중심에 세우는 마음을 의미한다. '나'를 중심에 세우면 '나'가 아닌 다른 사물들은 주변으로 밀릴 수밖에 없다. 삶에 집착하는 사람들은 언제나 절대로 가까이 해서는 안될 것으로 죽음을 설정한다. 죽음에 대한 사유 없이 어떻게 진정한 삶에 이를 수 있을까? 하나에 집착하면 다른 하나마저 잃는 까닭은 여기서 분명해진다고 하겠다.

시인은 수의壽衣를 입고 스스로 관 속에 눕는다. "마무리

하는 한 생"에 드러나는바, 시인은 한 생을 마무리하는 시간을 미리 체험한다. 삶 속에서 죽음을 체험하는 존재는 삶을 기준으로 죽음의 의미를 묻지 않는다. 「시작과 끝」을 참조한다면, "시작이 없이 있는 것이 없고/ 끝이 없이 있는 것이 없다". 삶이 있으니 죽음이 있는 것이고, 죽음이 있으니 삶이 있는 것이다. 삶과 죽음은 분별해야 할 것이 아니라, 하나면서 둘인 모순으로 표현된다는 말이다. 이념에 매인 존재는 바로 삶과 죽음을 하나로 잇는 이 이치에 눈을 감는다. 그는 자신이 보는 것만 믿는다. 보이지 않는 것에 숨은 진실에는 도통 관심을 보이지 않는다.

마음속 '소'를 찾으려는 김명환의 시적 여정은 이렇게 수의를 입고 죽음을 체험하는 "조용한 평화"로 갈무리된다. 시인은 관 속을 "한겨울 이불 속"으로 표현한다. "오늘의 끝은 끝이 아니다"(「한겨울 이불 속」 1연)라는 시구에 암시되어 있듯, 죽음은 새로운 삶을 여는 과정으로 정리된다. 죽음과 삶이 하나로 이어지려면 삶과 죽음을 둘로 나누는 분별심을 내려놓아야 한다. 분별이 들끓는 마음을 내보이는 순간, 이 세상은 서로가 서로에게 '적'이 되는 끔찍한 사회로 돌변해버린다. (극)우와 (극)좌가 왜 틈만 나면 자기 목소리를 높여 이 사회를 혼란에 빠뜨리겠는가. 그들은 목적을 이루기 위해서라면 수단과 방법을 가리지 않는다. 아우슈비츠나 광주의 비극은 지금 이 순간에 집착하는 지독한 분별심에서 뻗어 나오는 셈이다.

분별을 넘어서는 자리에서 피어나는 김명환의 시는 "모두 기고 아니고/ 아니고 긴 절묘한 대답"(「풀꽃에게 묻는다」)을 언제나 그 속에 내포하고 있다. 풀꽃은 선과 악을 나누는 법이 없지만, 인간은 자꾸만 풀꽃에게 선이냐, 악이냐를 묻는다. 풀꽃은 때가 되면 피어나 때가 되면 지는 일을 반복한다. 피는 것을 선악으로 판별할 수 없듯, 지는 것 역시 선악으로 판별할 수 없다. 선악을 묻는 순간 우리는 가를 수 없는 것을 억지로 가르는 분별에 이르게 된다. 김명환은 무엇보다 선과 악을 나누는 이 마음을 그렇기도 하고 아니기도 한 '기우뚱한 균형'으로 그려낸다. 겨울이 가면 봄이 온다. 봄이 가면 여름이, 여름이 가면 가을이 온다. "가면 오고/ 오면 가"(가을 봄)는 자연사물의 이치로 시인은 풍성한 시의 꽃을 피워내고 있는 것이다.

김명환

김명환 시인은 1935년 대전 학하동에서 출생했고, 진잠초등, 대전중학교, 대전고등학교, 충남대학교 철학과를 다녔다. 10년간 공직 생활을 거쳐, 1971년부터 법무사로 종사했으며, 젊은 날 늙으면 꽃지에 살리라 했던 서산으로 2005년 황혼이사를 했다. 2016년『한국문학시대』로 등단했으며, 시집으로는『바람가고 나도 가네』가 있고, 대전문인총연합회 회원으로 활동하고 있다.

이메일 : kmwh1209@hanmail.net

김명환 시집

마지막 한 줄의 시

발　　행 2020년 10월 7일
지 은 이 김명환
펴 낸 이 반송림
편집디자인 김지호
펴 낸 곳 도서출판 지혜 • 계간시전문지 애지
기획위원 반경환 이형권
주　　소 34624 대전광역시 동구 태전로 57, 2층 도서출판 지혜 (삼성동)
전　　화 042-625-1140
팩　　스 042-627-1140
전자우편 ejisarang@hanmail.net
애지카페 cafe.daum.net/ejiliterature

ISBN : 979-11-5728-416-0 03810
값 9,000원